AF542214

ASSANDRE,

AUBERGISTE,

PARADE.

PAR L'AUTEUR DE GILLES,

Garçon Peintre.

A LONDRES,

M. DCC. LXV.

ACTEURS.

CASSANDRE.

LEANDRE.

ISABELLE.

GILLES.

VISAUTROU.

La Scene se passe dans la Maison de Monsieur Cassandre.

„ Nous exhortons les lecteurs modestes, à
„ ne pas lire cette piece trop chargée d'équi-
„ voques indécentes ... Mercure d'octobre
1765. 2e vol. p. 98.

CASSANDRE, AUBERGISTE, PARADE.

SCENE PREMIERE.

GILLES *en Cuisinier.*

ALLONS vla qui zeſt dit Liche-plat, qu'on mette la carcaſſe de ce vieux dindon à la sauſſe varte, le cou, la tête & les aîles en marinade, & mamſelle Iſabelle aura ſoin de ſerrer les cuiſſes juſqu'à ce que je rentre. Faut convenir d'un z'aveu ſincère que je fais t'un métier d'une fatigue bien pénible, du depuis que feu monſieur le bonhomme Caſſandre, notre maître, s'eſt aviſé de vendre ſa charge de Sergent du guet zà pied pour devenir hôtelier d'auberge à ſept ſols tant par cul que par tête; Il faut, ſa pauvre fille & moi, nous remuer jour & nuit pour le public. Enfin finale ça finira : je m'en vas t'a la boucherie acheter l'emplette de queuque abbatis de foye & de rate, car pour du mou, ce n'eſt pas ce qui manque à la maiſon & ça devient trop commun dans Paris pour nos pratiques... Mais queux ſurpriſe d'étonnement...

SCENE II.

LEANDRE, GILLES.

GILLES.

La peſte me creve, ou le diable l'emporte c'eſt lui, c'eſt monſieur le beau Leandre, il ne me paraît quaſiment pas changé depuis trois ans que j'ai quitté ſon ſervice, parce que je n'avais plus le moyen de le faire vivre.

LEANDRE.

Morbleu, ſangbleu, jourbleu, grisbleu, noirbleu.

GILLES.

Ah! queux parjures!

LEANDRE.

Je veux que quatorze millions d'escadrons de pipes....

GILLES *lui frappe sur l'épaule.*

Et là donc ; tout doux, mon petit papa.

LEANDRE.

C'est toi, Gilles ! Tiens, mon ami, laisse-moi, je suis fou.

GILLES.

On le voit de reste.

LEANDRE.

Enragé.

GILLES.

Miséricorde.

LEANDRE.

Je veux me tuer.

GILLES.

Eh bien, ne vous gênez pas ; voilà de la place.

LEANDRE.

Non ; puisque je te trouve, je veux que tu me dises comment il faut que je me tue pour expirer subitement de ma mort.

GILLES.

Mais, dame, sur ces petites choses-là chacun a son goût.

LEANDRE.

Oh, ſi je ſçavais nager, je me ſerais déja noyé plus de vingt fois.

GILLES.

Prenez d'la poiſon.

LEANDRE.

Nenni vraîment, Gilles, j'ai trop peur de la colique.

GILLES.

Eh bien, un piſtolet....

LEANDRE.

Le mien a déja raté plus de quatre fois.

GILLES.

Ce n'eſt pas le ſeul outil qui vous rate. Eh bien, Satinon, quatre & douze, vla votre affaire, un bon clou, zune bonne réſolution, z'une groſſe corde, & puis cric, cric.

LEANDRE.

Inſolent. Eſt-ce qu'il z'eſt de la bienſéance d'un Gentizhomme de ma nobleſſe de mourir comme zun coquin en faiſant la grimace en l'air? Non, c'eſt zun parti pris, je veux me laiſſer expirer de faim ſans manger juſqu'à l'extrémité du dernier ſoupir des jours de ma vie.

GILLES.

Fi donc, ça vous changerait trop la figure, personne ne voudra plus vous regarder quand vous s'rez mort ; & qu'est-ce qui vous a précipité dans c'te montagne de désespoir là.

LEANDRE.

Je suis t'amoureux comme un Crocodile d'une cruelle qui répond à l'ardeur d'ma flamme, mais son pere est une bête qui pour sûr me la refusera sans doute.

GILLES.

Pardine, il n'y a qu'à rosser le pere, enfler la fille....

LEANDRE.

Faut que tu sçaches, mon zami, que d'puis que la paix t'est faite je me suis jetté dans la guerre par mon zamour pour la gloire. Mais ça ne suffit pas d'être engagé Soldat dans le Régiment de Paris, il faut z'avoir une maîtresse pour ourler la cravate, rapiécer les guêtres & nouer la cocarde.

GILLES.

C'est juste, Zun bon Militaire ne va pas sans mirliton.

LEANDRE.

Je me suis coulé dans les inclinations d'une

belle, jeune & chaste Zizabelle la fille de M. le bonhomme Cassandre, Marchand Aubergiste en détail.

GILLES.

Ah, c'est donc pour ça que tandis que j'étois dans mes terres à Clamart, vous êtes venu loger ici céans par étape. Eh bien je vous dis & je vous douze que faut tirer de là vos chausses & rengaigner votre affaire.

LEANDRE.

Comment z'insolent....

GILLES.

Mamselle Zisabelle est zune fille dont de laquelle zon ne peut pas l'y arracher un cheveu de son honneur.

LEANDRE.

Est-ce que tu la connais ?

GILLES.

Vla-t-il sept mois passés que nous couchons z'ensemble sous le même toît.

LEANDRE.

Tu z'es donc le valet de M. Cassandre qui se dit le pere de ma chère Isabelle ?

GILLES.

Vous vla dessus.

LEANDRE.

LEANDRE.

Ah, Gilles ! mon zhonnête ami, quel ſervice d'obligation ! . . . .

GILLES.

Et non, ne bougez pas, je vous ſens de là. Quoique Cuiſinier, je ſuis brave garçon. Je ne vends que de la chair cuite.

LÉANDRE.

Seulement pour voir les deux yeux de ma chere zamante.

GILLES.

Eh ben, ça ne tardera pas. J'entends quelqu'un qui ſe grouille, c'eſt zelle-même. Dame, ne vous impatientez pas, ſi elle ne vient pas vîte, c'eſt que cte Dlle-la n'a pas l'habitude de marcher ſur les jambes.

SCENE III.

ISABELLE, LEANDRE, GILLES.

LEANDRE.

Est-ce bien votre cher bras que je touche, ma chere Ziſabelle ?

ISABELLE.

Eſt-ce bien le vôtre que je tiens, mon beau Léandre ? [Je vas l'user à force de l'magner..

(l'Inventaire du pont S. Michel, parade en un acte)

LEANDRE.

Ma chère Maîtresse !

ISABELLE.

Mon cher zamant !

LEANDRE.

Est-il donc vrai ce qu'on répéte ? votre père est dans la dissolution de vous marier en nœud légitime avec autrui ?

ISABELLE.

Zhélas ! il me l'a t'annoncé, c'est comme s'il m'eût poignardé les entrailles.

LEANDRE.

Chère cruelle, quand zil ne tient qu'à vous d'avoir le beau nom de Léandre, vous prendrez sur vous d'en porter un autre ?

GILLES.

Vla ce que c'est que d'avoir un père. Que ne faites-vous comme tant de gens qui s'en passent ?

ISABELLE.

Za quoi va nous servir cette belle promesse de mariage que nous avons signée conjointement ?

LEANDRE.

Allez, ma chère zamante, je suis Gentilhomme, on ne sçait pas ce qui peut arriver nous avons toujours eu raison de faire. ça zensemble, & je n'ai qu'un chagrin.

ISABELLE.

Et qu'est-ce qui vous en donne, mon zamour?

LEANDRE.

C'est de n'avoir pas eu la prudence de vous engrosser tout de suite, afin que votre père qui en verrait la chose, ne mit plus d'empêchement au nœud nuptial de notre mariage.

ISABELLE.

Z'en vérité, monsieur, ça vous est bien facile à dire.

GILLES.

Plus qu'à faire.

LEANDRE.

Mais puisque ça ne z'est pas, jurez-moi du moins par serment, ma chère Zisabelle, z'en présence de Gilles qui zen sera le témoin oculiste, que jamais t'aucun zautre ne vous appartiendra t'en chose propre, que votre fidéle amant.

ISABELLE.

Puisqu'il vous faut zun serment, cher barbare, voilà que je vous le donne.

LEANDRE.

Je vous le prends, mon zamour.

GILLES *tire Léandre & le pouſſe.*

Et moi je vous l'ôte. Garre, garre vla Mr. Caſſandre.

LEANDRE.

Mais écoute.

GILLES.

Nenni nenni, je tire d'ici mes chauſſes.

SCENE III.

ISABELLE, CASSANDRE, LEANDRE.

CASSANDRE.

UN zhomme avec ma fille ! ah queux indignation de ſurpriſe.

ISABELLE.

Il ne faut pas, mon petit papa, que la tête vous tourne pour une bêtiſe. Monſieur zeſt un jeune cavalier qui zeſt venu loger chez nous, voilà qu'il en ſort & moi je veux qu'il y rentre.

CASSANDRE.

Tout ça zeſt bel & bon; mais apprenez qu'il n'eſt pas de l'honnêteté d'une fille modeſte de ſe méler de loger chez ſoi un jeune garçon.

LEANDRE.

Monſieur, j'ai toujours entendu dire qu'il

vaut mieux montre run trou qu'une tache. C'eſt pourquoi je me proſtitue aux genoux de vos pieds pour vous faire zune ouverture de la vérité, vous voyez t'en moi un zamant qui brûle de la plus grande ardeur de flamme pour les beaux yeux des attraits de votre belle & chaſte Iſabelle.

ISABELLE.

Ah, Léandre, vous me faites rougir de pudeur.

CASSANDRE.

Un zamant à ma fille ! ah ſi j'en croyais le couroux de ma colère, c'eſt que je lui donnerais cent coups de pieds ſur le ventre.

LEANDRE.

Arrêtez, Monſieur, prenez garde, on ne ſçait pas en quel état zune Dlle peut être.

CASSANDRE.

Et vous, Monſieur l'inſolent qui zavez l'audace de me demander ma fille zen nœud légitime, apprenez que depuis plus de cent ſiécles de père en fils les bonshommes Caſſandres ont toujours été raides ſur la choſe de l'honneur, & que je ne ſuis pas d'une compléxion à zaccorder ma fille à zun premier venu comme vous.

LEANDRE.

Qu'est-ce à dire zun premier venu; apprenez par toi-même, que je suis Gentizhomme né d'une noblesse d'épée, & qu'on za vu courir après moi des Dlles qui zavaient l'honneur tout aussi grand que votre Zisabelle.

CASSANDRE.

Vla qui z'est fini, chacun le fait comme il le sent. Rentrez, petite libertine. Ah je ne vas pas mal vous mettre en pénitence... Je vous apprendrai si une Jeunesse de votre âge ne peut pas suffisamment s'amuser quand elle a l'usage de ses dix doigts+, sans être toujours fourée auprès des hommes. Allez, allez.

LEANDRE.

Tenez, M. le bonhomme Cassandre, je vous parle avec politesse & respect, mais je veux que cinq cent millions de diables vous crachent sur l'estomac... je... je perdrai plutôt mon nom que de ne le pas faire prendre à votre fille.

CASSANDRE.

Je suis t'un homme zhumain qui ne veut pas de mal t'à zautrui, mais j'aimerais mieux vous voir pendu que non pas que vous soyez mon gendre.

+ Voiez Sc. 10. p. 33.

LEANDRE.

Laissez-moi faire ; je la violerai de son consentement volontaire.

CASSANDRE.

Si je sçavais qu'elle l'ouvrît pour vous, je lui couserais de ma propre main la bouche.

LEANTRE.

Allons vla qui z'est dit. Je suis tout en vous, M. Cassandre.

SCENE V.

CASSANDRE, *seul.*

VOYEZ t'un peu queux embarras d'inquiétude, queux interdiction pour zun pere qui zest dans les vieux jours de ses années. Vla d'un côté ma fille qui zest prête à se dérégler; de l'autre zun repas magnifique de commande qu'il me faut dresser ce soir pour 60 personnes mâles & femelles, à raison de 6 sols l'un portant l'autre. C'est zun coup de fortune; mais ma fille, c'est zune chose d'honneur, mon zintérêt se porte d'un parti ; mais quand il zest question de l'affaire d'une fille, on sent bien que la nature se tourne toujours de ce côté-là.

Encore si j'avais là ce benêt de Gilles pour me donner queuques conseils de génie ; mais où sera-t-il zallé ? vla qui me passe. J'ai beau pour l'engager dans la chose de son devoir, lui faire de petits présens, comme d'un zetui à peignes, pour quand il aura des cheveux, d'un chausse-pied pour mettre ses sabots, ce coquin, ce fripon, ce pendart.

SCENE VI.

GILLES, CASSANDRE.

GILLES *arrive tout doucement, & marche derrière Cassandre.*

VLA feu notre Maître qui radote.

CASSANDRE.

Si je n'avais pas peur de câsser mon Jérôme, c'est que je lui en donnerais plus de vingt coups par jour. Ah ! te vla, Gilles. Je parlais de toi, mon ami.

GILLES.

Je m'en doute. Je vous avertis, notre Maître, que toutes ces petites familiarités-là ne me conviennent pas, & que je finirai par vous donner votre congé.

CASSANDRE.

CASSANDRE.

Ne l'irritons pas. J'ai affaire de lui. Écoute, Gilles, il faut se faire une raison. Il est essentiel, vois-tu, qu'un Maître rosse de tems en tems quelquezun dans sa maison, soit sa femme, son valet, son chien, sa fille ; ce n'est pas par colère, mais seulement pour conserver le bon ordre & la décence.

GILLES.

Commencez toujours par vot' chien & vot' fille.

CASSANDRE.

As-tu du papier ?

GILLES.

Non, j'ai usé ce matin le dernier morceau, là où vous sçavez.

CASSANDRE.

Fi-donc, tu mets toujours de la malpropreté dans tes godrioles.

GILLES.

Et pourquoi faire ce papier ?

CASSANDRE.

Pour dresser l'état du mémoire du menu du repas que zon m'a demandé ; mais il me vient une idée, ton habit est blanc, vla un charbon noir, approche.

GILLES.

Comment ?

CASSANDRE.

Laisse-moi faire : tiens-toi ferme.

GILLES.

Finissez donc, vous me chatouillez.

CASSANDRE *compte par ses doigts.*

Un dindon à la crapaudine, un maquereau à la broche, un alloyau à la cuilliere.

GILLES.

Pardine si vous m'écrivez l'état sur le dos je n'aurai besoin que de montrer le cul pour porter la carte. Sauf votre respect notre maître, vous n'êtes qu'une bête, sans vous donner tant de tintoin faites prendre à crédit d'hazard un bon repas tout cuit dans la rue de la Huchette, là où zon trouve des piéces entières qui n'ont encore été qu'à moitié mangées, & puis vous ferez faire zun tour de casserolle à votre fille, je mettrai le jus dedans & vla votre chose prêt.

CASSANDRE.

Il a ma foi raison, aussi bien ai-je un autre embarras d'inquiétude, ma fille est zune tête chaude,

GILLES.

Oh, ce qu'elle a de plus chaud, ce n'eſt pas la tête.

CASSANDRE.

Je te dis que c'eſt zune fille de bon ſens qui parle de tête.

GILLES.

Eh bien oui elle parle d'en haut, elle agit d'en bas.

CASSANDRE.

Vas-tu commencer tes équivoques, ce coquin-la quand il eſt une fois ſur l'honneur de ma fille on ne peut pas l'en ôter. Je te parle d'une confidence ; je te dis que je ſcais le reſpect que je dois à ma fille qui zeſt une admiration de modeſtie ; mais malgré tout cela une jeune fille qui court toutes les nuits avec des garçons, on ſcait ben qu'elle ne va qu'à la Courtille, aux Porcherons & dans de bonnes maiſons connues de la Police, ça ne fait pas moins jaſer.

GILLES.

Oh qu'à ça ne tienne, elle reſſemble à feue ſa mère, qui zétait votre femme, ce n'eſt pas ce qu'on lui dit qui la touche.

CASSANDRE.

Je veux la marier pour zavoir des petits enfans de la façon naturelle de mon gendre ; mais parmi les 67 amans qui tortillent autour d'Isabelle, & qui lui font l'amour, je ne sçais pas celui qui lui fait le mieux ?

GILLES.

Vous n'avez qu'à lui demander.

CASSANDRE.

Non, c'est une fille trop innocente, ça se laisse faire comme un enfant sans seulement y prendre garde ; vla ce qui m'embarrasse.

GILLES.

Eh bien, que le diable vous emporte & que la peste me crève, je m'en vais vous tirer de là, tenez, il n'y a pas de bête dans le monde qui ne cherche son semblable, c'est pourquoi j'ai envie d'entrer dans votre famille, baillez-moi votre fille.

CASSANDRE.

Comment zinsolent, ma fille à un valet !

GILLES.

Pardi vous me donnez six écus par an pour mes gages, j'aime autant n'en gagner que trois & être votre gendre. Vla comme je parle moi.

CASSANDRE *lève son bâton.*

Et vla comme je réponds.

GILLES.

Allons donc feu notre maître votre Jerosme n'a pas le fil.

CASSANDRE.

Pour me tirer de ce tripot d'inquiétude, j'ai zécrit à M. Villebrequin mon ancien ami qui s'est retiré en Normandie, afin qu'il m'envoye au plutôt par le roullier un gendre tout complet, & c'est aujourd'hui que j'attends M. Visautrou, Maître Apoticaire, garçon très-entendu pour sa manière de faire valoir ses parties. Vla qu'il arrive tout-à-l'heure du Maine pour épouser ma fille.

GILLES.

Du Maine! Fi donc, Monsieur, il n'arrive de ce pays-là que des chapons.

CASSANDRE.

Tais-toi; ne vas pas mettre ça dans la tête de Zisabelle. La vla qui vient tout à point,

SCENE VII.

ISABELLE, CASSANDRE, GILLES.

CASSANDRE.

APPROCHEZ, ma fille, paroles ne puent pas. Je veux vous marier. Il y a vingt ans que votre mère est morte, & vous en avez bientôt dix-huit.

ISABELLE.

Mon cher père, je vous dirai tout net que j'aurais de tout mon cœur attendu que vous fussiez crevé avant de m'unir d'un légitime mariage, attendu qu'il zest dangereux de vous laisser tout seul, parce que vous êtes trop bon & que vous laissez tout aller sous vous.

CASSANDRE.

C'est la nature qui zagit par ma générosité. Mais écoute, tu zes ma fille.

GILLES.

Ah, c'est bientôt dit.

CASSANDRE.

Qu'est-ce que cela signifie? Je te prouverai que Zisabelle est ma fille.

GILLES.

Ça ſe peut ben, mais vous n'auriez pas ſoutenu ça devant votre défunte.

CASSANDRE.

Laiſſe cet inſolent, & ſonge que mon zunique contentement eſt de te voir unie en nœud conjugal avec un homme qui ſoit chauſſure à ton pied. *

ISABELLE.

Puiſque vous parlez à ma nature & qu'il eſt queſtion de votre plaiſir, quoique je ne me ſente plus guère de goût pour les hommes, je veux bien avoir l'humanité de me laiſſer mettre en zunion, ſans qu'il ſoit pour ça queſtion d'un Prêtre ou d'un Notaire qui ne ſerviront qu'à vous coûter de l'argent.

GILLES.

Ah! Mlle Zizabelle eſt une fille qui zaime tant le ménage qu'elle défend à tous ſes amans de moucher la chandelle de crainte que ça ne la faſſe couler en pure perte.

CASSANDRE.

Ça fait ben voir ſa modeſtie. Te vla, ma fille, de l'humeur dont je t'aime, c'eſt pourquoi je compte que tu accorderas ton conſentement à zun mari qui va zarriver pour te le prendre.

* Metiri se quemque suo modulo ac pede, verum est. Hor. l. 1 ep. 7.

ISABELLE.

Et qu'eſt-ce que c'eſt que cette manière d'homme-là ?

CASSANDRE.

C'eſt M. Viſautrou, célébre Apoticaire ; un garçon que le cliſtere a zannobli.

ISABELLE.

Fi donc, mon cher père ! Eſt-ce que vous devenez imbécille ?

CASSANDRE.

Comment, zinſolente ?

ISABELLE.

C'eſt que je vous ſignifie que ſi ce chien-là za l'audace de me montrer ſon nez....

CASSANDRE.

Il vous le montrera, Mlle.

ISABELLE.

Je ſuis t'une fille dans mon déſeſpoir à l'y arracher les deux yeux, les deux bras, les deux oreilles, les deux....

GILLES.

Eh fi donc, Mlle, eſt-ce qu'une honnête fille touche à ces choſes-là ?

ISABELLE.

Tenez, mon cher papa, puiſqu'il faut vous le couper court, je vous dirai que tout zeſt dit & que je ſuis t'en zengagement avec un autre.

CASSANDRE.

Ah, ſcorpion impudique !

ISABELLE.

Dame, c'eſt le ſoir d'un jour que vous n'y étiez pas, il vint zun jeune Gentilhomme très-civil pour me demander zune chambre & zun lit ; & comme il était bien propre, je le mis moi-même dans le rez-de-chauſſée, mais il trouva que ça était trop humide.

CASSANDRE.

Il avait raiſon.

ISABELLE.

C'eſt pourquoi par civilité je le conduiſis dans la chambre qui zeſt au-deſſus de l'écurie.

GILLES.

Par civilité.

ISABELLE.

Mais il témoigna qu'il n'y pourrait pas dormir, parce que les chevaux font trop de bruit la nuit zen mangeant.

GILLES.

Pardi vla t'un homme ben difficile à coucher.

ISABELLE.

C'eſt pourquoi je fis réfléxions que je me ſuis toujours plu ſur le derrière, & que ma chambre zeſt la plus tranquille, auſſi par civilité je l'y menai.

GILLES.

Par civilité.

ISABELLE.

Dès qu'il fut dedans il me jura qu'il s'y trouvait ſi à l'aiſe qu'il y reſterait volontiers toute ſa vie, c'eſt pourquoi par civilité je lui offris de lui céder mon lit.

GILLES.

Par civilité.

CASSANDRE.

Cela eſt tout ſimple.

ISABELLE.

Mais ce fut ben une autre chienne d'hiſtoire.

GILLES.

Gare la civilité.

ISABELLE.

Il ne voulut pas que je m'en aille ; il me jurait qu'il allait plutôt ſortir, il zavait déjà fait une dépenſe de neuf ſols, ça me ſemblait une bonne pratique, & pour ne pas faire tort à la maiſon, il fallut que je fiſſe la choſe telle qu'il le voulait.

GILLES.

Voyez pourtant zoù conduit la politeſſe.

CASSANDRE.

Ah! malheureuſe, vla-t-il pas plus de dix fois que tu me fais de pareils tours, & quel eſt le ſéditieux Suborneur qui za fait un pareil outrage à ta vertu?

ISABELLE.

C'eſt, mon père, M. le beau Léandre, celui-là même avec qui je cauſais de converſation.

CASSANDRE.

Allons, il ne faut pas qu'une petite miſére comme ça nous arrête. M. Viſautrou eſt un homme trop ſage pour y regarder de ſi près, & puis on ſçait ben que peu ou prou il manque toujours queuque choſe à une fille. Je m'en vais de ce pas le chercher au bureau des coches, ſongez à le recevoir comme il faut.

GILLES.

Vous ſcavez ben que ce n'eſt pas la civilité qui lui manque.

CASSANDRE.

Si ça zeſt néceſſaire prenez l'éponge avec quoi je me fais la barbe pour vous décraſſer le corps & le viſage; & toi Gilles pour que ce Léandre, qui lui a fourré tous ces mauvais conſeils là dans la tête, ne vienne pas lui en donner encore dans mon abſence, je t'ordonne d'être toujours à côté d'elle.

GILLES.

Pourquoi pas deſſus? allez feu notre maître ſoyez tranquille.

SCENE VIII.

ISABELLE, GILLES.

ISABELLE.

Eh ben ſur qu'elle étoile ai-je donc marché! mon cher Gilles, ſe peut-il concevoir une pareille diſgrace d'infortune; moi zoublier mon cher amant qui zeſt mon ſang, mon lait, mes entrailles, pour m'abandonner en mariage à zun homme que je ne ſçais s'il eſt court ou long, gros ou menu; prendrai-je la voye de la douceur qui zeſt de me faire engroſſer par Léandre, de faire déclarer mon père imbécile, d'empoiſonner monſieur Viſautrou, d'étrangler Gilles....

GILLES.

Miſéricorde!

ISABELLE.

Je ne sçais quel parti suivre. Si je voyais Léandre, il me ferait prendre le bon. Ah ! c'est lui-même. O ciel ! il est furieux comme un Prince.

SCENE IX.

LEANDRE, ISABELLE, GILLES.

LEANDRE.

Ou suis-je ? où vais-je ? qu'est-ce que je dis? qu'est-ce que je fais ? qu'est-ce que j'apprends, qu'est-ce que j'ai vû? qu'est-ce que je vois ?

ISABELLE.

Mon cher Gilles, il sçait tout.

LEANDRE.

Ciel ! terre, mer, air : c'est un père lui-même qui veut précipiter sa fille dans l'adultère, en la forçant d'épouser un homme qui ne lui sied pas plus que des manchettes à une vache.

ISABELLE.

C'est sensible, mon cher Léandre & vla monsieur Visautrou qui zarrive tout droit devers moi pour concluer le malheur de ma misére.

LEANDRE.

Non mort, non, d'un Diable, ça ne ſera pas vrai, zon ne dira pas qu'un gentizhomme d'épée ſe ſera laiſſé couper le dos deſſus l'herbe, & qu'un vilain qui zeſt dans l'habitude de ne prendre les femmes que par derriere aura l'avantage & la gloire de ſe préſenter à vous par devant. Que plutôt la foudre me conſtipe dans l'abîme des entrailles du ciel. Je m'en vas trouver monſieur votre père, je lui donnerai cent coups de pieds dans le ventre pour le ſupplier de me rendre juſtice. Je vous ſaiſirai mon rival par le chignon de ſa nuque & d'un revers du coup du plat de mon épée....

ISABELLE.

Arrêtez, cher cruel; vous ſçavez qu'il vaut mieux faire dix hommes que d'en défaire un.

LEANDRE.

Non mon chou, c'eſt un parti pris, zil faut que je tue quelqu'un quand ce ne s'rait que Gilles.

GILLES.

Fi-donc, la vilaine envie, faut-il devenir poſſédé quand il reſte encore tant de petites reſſources innocentes, comme la fornication, l'enlévement, le viol.

LEANDRE.

Il a raiſon.

ISABELLE

Ah zingrat, que vous connaiſſez mal ma tendreſſe ! apprenez que je ne ſouffrirai jamais que vous preniez la peine de me violer, je vous aime trop pour cela.

LEANDRE.

Queux délicateſſe! eh bien ſi vous m'aimez....

ISABELLE.

Si je vous aime, ah ciel! tenez c'eſt comme un coup de ſainte-patie du depuis la premiere nuit que nous avons couché enſemble dès que je vous vois la nature agit & je ſoupire ſans ſavoir comment cela ſe fait.

LEANDRE.

Je vous l'ai pourtant aſſez montré; puiſque vous m'aimez d'une pareille flamme faut-il tant de miſtère, vous avez quelque petite choſe devant vous & moi auſſi, commençons d'abord par nous marier enſemble & nous verrons enſuite ſi zun autre oſera vous épouſer.

ISABELLE.

Vla qu'eſt fini, je conſens d'être zà vous comme femme, mais je vous préviens d'une chose, c'est que quand vous serez mon mari; je ne serai pas fille à souffrir que vous me fassiez une région d'enfants à bouche que veux-tu?

LEANDRE.

Je ne ferai que ce qui vous plaira.

ISABELLE.

Il me vient une idée qui zest une bourde en façon de startagème dont dans laquelle je me charge de faire donner votre rival & mon père, il faudra que vous deviniez tout de suite avec Gilles le parti que vous aurez t'à prendre, & comme vous avez de l'esprit.

LEANDRE.

.. Je ne l'ai pas à beaucoup près si ouvert que le vôtre, mameselle, mais malgré ça...

ISABELLE.

J'entends mon père qui tousse, fichez-moi le camp tous deux, & songez à ne pas faire de bêtise.

GILLES.

Vla déja mon imagination qui se dresse.

LEANDRE.

Adieu, ma chère Zisabelle, mon sort, ma vie, mes jours, je vous mets tout dans les mains, & je vais attendre de vos nouvelles avec une attente admirable.

SCENE

SCENE X.

CASSANDRE, ISABELLE.

CASSANDRE.

BON ; te voilà seule. C'est comme je t'aime, parce que, vois-tu, quand une fille s'amuse ainsi, on est sûr que ça n'a pas de suite.* M. Visautrou est là-bas qui se fait décroter par bienséance. Il voulait aussi se faire donner un coup de peigne ; mais je lui ai allégué que ça était inutile ; & que drès qu'il serait ton mari, tu prendrais soin de sa coëffure.

ISABELLE.

Je le ferai quand il vous plaira, mon cher père.

CASSANDRE.

Quelle modestie !

* Voiez le Menagiana, tome 4. p. 172. 172. edit. 1715.

SCENE XI.

CASSANDRE, ISABELLE, VISAUTROU.

CASSANDRE.

APPROCHEZ, M. mon gendre, vla ma

fille Iſabelle que je vous propoſe à qui vous pouvez en liberté trouſſer un compliment & montrer votre ſçavoir-vivre.

VISAUTROU.

Mamſelle, comme on lit dans Tertullien au premier verſet de ſon Chapitre aux Grâces, *cedebunt armi togibus*, ce qui ſignifie en vrai français qu'il faut mettre bas les armes devant la beauté, trouvez bon que je vous dépoſe à vos pieds ma ſeringue, comme un témoignage de l'hommage que je porte à votre ſuperbe modeſtie, & je ſerais trop heureux ſi dans ce moment en préſence de Monſieur votre père je pouvais par un petit eſſai de mon talent vous prouver, ...

CASSANDRE.

Il eſt évident, ma fille, que Monſieur eſt très-fameux pour la choſe du cliſtère, & que mon ami Villebrequin ſon oncle m'aſſure que perſonne ne le poſe plus modeſtement que lui aux Dames.

VISAUTROU.

Ce n'eſt pas pour me flatter d'un vain éloge de louange, mais on voit un nombre d'Apoticaires, comme les Fleurans, les Culſifles & autres qui vous examinent une place, &

quelquefois ont recours à des lunettes pour leur groſſir leur objet ; mais moi, Monſieur, le tact me ſuffit, & dès que j'ai le doigt deſſus, mon affaire ſe gliſſe dedans que c'eſt un charme.

ISABELLE.

C'eſt pour ſûr certainement un beau talent. Je vous dirai, Monſieur, que quoiqu'il ne ſoit pas gracieux pour une fille de s'abbandonner à un homme qu'elle n'a encore ni vu ni manié, cependant rien qu'à votre vue je me ſens dans la diſſolution de zobéir à mon père d'une obéiſſance reſpectable.

CASSANDRE.

Je reconnois mon ſang, va ſois joyeuſe, je ferai dreſſer les articles de votre Contrat chez M. Brouillonnet mon Notaire, dès que Monſieur nous aura préſenté ſes parties.

VISAUTROU.

Pour à l'égard de ce qui zeſt de l'état de mes affaires, je vous jure que je n'aurai rien de caché pour Mamſelle.

CASSANDRE.

Comme je ne doute pas que vous n'ayez un compliment tout prêt, je m'en vais vous laiſſer ſeul avec ma Ziſabelle pour que vous lui faſſiez plus à votre aiſe.

ISABELLE.

Il eſt vrai, mon père, que j'ai trop de pudeur pour me le laiſſer faire devant vous.

SCENE XII.

VISAUTROU, ISABELLE.

VISAUTROU.

MAMSELLE, puiſqu'enfin je touche au doux moment où il m'eſt permis de vous ſeringuer les éloges qui ſont dûs aux mérites de vos bonnes graces; je commencerai par vous dire que je crains ſi fort que mon cœur ne faſſe mal au vôtre, que ma timidité conſtipe toutes mes parties. Oui, belle charmante, le ſéné, la rubarbe & la manne de ma boutique ne purgent pas tant les malades que les regards de vos yeux ne corrigent les humeurs mordicantes des amans inſenſés qui ſe raniment pour vous plaire. Vous êtes, jeune Z'iſabelle, une délicieuſe pilulle, & votre mérite un orviétan ſouverain contre la nullité d'un corps à qui vous rendez d'un coup d'œil, la vivacité de la liberté de la vie.

ISABELLE.

Vla, Monsieur, un discours qui zest beau comme vous-même, & qui signifie je crois que je suis un emplâtre à tous maux.

VISAUTROU.

Vous avez mis la main dessus, mon adorable.

ISABELLE.

Tenez, Monsieur, il ne faut pas tant de beurre pour faire un quarteron, ni tant de bois pour parer z'un fagot. Je m'en vais t'avec vous m'expliquer caïphement. Apprenez d'abord que je n'ai jamais trop eu de goût pour le vrai mariage; mais puisque ça fait plaisir à mon père que j'en fasse un, & que vous vla tout prêt, je m'y soumets, parce que je n'ai jamais eu le courage de rien refuser aux hommes qui se présentent en bon état, & que malgré la gravelle dont on m'a rapporté que vous aviez peine à vous guérir, vous me semblez avoir la tête forte, la vüe faible & l'ouie dur. qui sont les qualités quintessentielles d'un mari,

VISAUTROU.

Si vous saviez, ma prunelle, comme vous me frottez le cul de miel en disant des choses d'un agrément si délicieux.

ISABELLE.

J'vous préviens d'une chose, c'est que je suis bonne Chretienne de la religion, & que j'ai fait z'un serment.

VISAUTROU.

Et de quelle couleur est-il ?

ISABELLE.

J'ai juré par Mahomet de ne jamais épouser un mari qu'il ne me donne auparavant I chose, une preuve signalée de sa tendresse.

VISAUTROU.

Oh, vous n'avez qu'à parler, mon alambic, mon mortier, mon pilon, tout z'est à votre service.

ISABELLE.

Il ne s'agit pas de ça... Vous prenez votre cul pour vos chausses; il s'agit que je veux être enlevée.

VISAUTROU.

Mamselle, je vous dirai de bonne foi que je suis encore jeune, je n'ai jamais enlevé personne, & je ne sçais pas comment que ça se fait.

ISABELLE.

Rien n'est plus facile à zapprendre. D'abord on entre dans une maison, on donne au Gilles qui est le valet vingt soufflets & une piéce de six sols pour gagner sa confidence.

VISAUTROU.

Et le Gilles ne rend rien?

ISABELLE.

Ce n'eſt pas l'uſage de leur caractère, enſuite on s'approche de ſa maîtreſſe, on la ſaiſit poliment de force par le milieu du corps.

VISAUTROU.

Et où la porte-t-on? ...

ISABELLE.

Dans une voiture.

VISAUTROU.

Mamſelle, je n'ai pas de voiture qu'une petite charette ſans cheval à qui pour le préſent il manque un eſſieu & deux roues.

ISABELLE.

On prend un caroſſe de remiſe ſur la place à qui zon donne une piéce de vingt-quatre ſols en monnoie & qui vous conduit.

VISAUTROU.

Oh Ciel! & z'où?

ISABELLE.

Dans les Pays étrangers.

VISAUTROU.

C'eſt-il ben loin, Mamſelle.

ISABELLE.

Dame, c'eſt pardelà S. Cloud, S. Denis Nanterre & la Rapée.

VISAUTROU

Et prend-t-on des clistères dans ces pays-là ?

ISABELLE.

Allez, Monsieur, n'y a pas de Pays dans le monde où ça ne se prenne.

VISAUTROU.

C'est à vrai dire une drôle de fantaisie que vous avez là; mais puisqu'il n'y a que ce moyen d'entrer dans vos bonnes graces, dites-moi quel jour & à quelle heure vous aurez la commodité que je vous enléve ?

ISABELLE.

Je ne crois pas que ce puisse être pour aujourd'hui, parce que j'ai mes affaires ailleurs. (*à part.*) Je voudrais avoir le tems d'avertir Léandre.

VISAUTROU.

Mamselle, je vous dirai que ça ne me fait rien, & puisqu'il faut faire le sault, je l'aime mieux plutôt que plus tard; ainsi nous sommes seuls, je m'en vais, comme vous me l'avez montré, vous prendre par le milieu....

ISABELLE.

Allons donc, cher téméraire.

SCENE XIII.

CASSANDRE, *seul.*

CETTE conversation me paraît tirer sur le long, il faut que je voye un peu où elle en est, il a des gens dans le monde qui aiment les longues visites; mais je sçai que ma fille n'a de goût que pour les courtes, & il ne serait pas à propos avant le mariage, que M. Visautrou prît avec elle quelques petites libertés qui lui donneraient de faux soupçons sur les quatre enfans qu'elle a eu l'indiscrétion de se laisser faire. Mais où sont-ils donc l'un & l'autre ?

SCENE XIV.

CASSANDRE, GILLES.

GILLES.

OH, Ciel ! ô malheur dont la disgrace est le comble de la misére, de l'infortune. Eh, rangez-vous.

CASSANDRE *tombe.*

Ah, le coquin !

GILLES.

Où est M. Cassandre ? J'ai beau l'épeler M. Cassandr e.

CASSANDRE.

Et me voilà.

GILLES.

Est-ce que sa gale serait rentrée ? est - ce qu'il aurait craché ses hémorroïdes ? est-ce que le Diable l'aurait emporté ? est-ce qu'il auait été pendu ?

CASSANDRE *se releve & jette Gilles.*

Ah, le coquin. Et me voilà, zinsolent.

GILLES.

Ah, Ciel ! *Il tombe.*

CASSANDRE.

Je suis écrasé.

GILLES.

Monsieur, ne suis-je pas blessé ?

CASSANDRE.

C'est bien plutôt moi, pendart.

GILLES.

Oui, c'est ce que je voulais dire. C'est le chagrin qui me pertrouble.

CASSANDRE.

Allons, donne-moi la main.

GILLES.

Tenez, vla toujours le pied en attendant. Ah, si vous sçaviez, notre Maître.

CASSANDRE.

Eh bien, que veux-tu me dire?

GILLES.

C'est zun malheur.

CASSANDRE.

Quel est ce malheur?

GILLES.

Devinez.

CASSANDRE.

Est-ce que tu me prends pour un Sorcier sçavant dans la Magie?

GILLES.

Oh non; je vous prends pour ce que vous êtes. Votre fille & l'Apoticaire....

CASSANDRE.

Eh bien?

GILLES.

Ils sont tous deux....

CASSANDRE.

Où cela?

GILLES.

Ensemble.

CASSANDRE.

Et où ensemble ?

GILLES.

Tous les deux.

CASSANDRE.

Ah, scélérat. Si j'avais de la patience ; je crois que je la perdrais avec toi.

GILLES.

Faut que vous soyez d'une race bien maudite. Votre grand-père a été pendu, on a mis votre père au carcan, votre oncle aux galères, votre femme à l'hôpital, vous au pilori ; votre aîné a passé par les baguettes ; votre fille a déja fait quatre enfans, & vla aujourd'hui zun imposteur qui la zenléve en public.

CASSANDRE.

S. Jupiter, on z'enléve ma fille!

GILLES.

Et c'est votre chien d'Apoticaire qui lui fiche ce petit malheur-là, il l'a fourré dans une boëte, c'est un grand homme qui la tire & lui-même qui la pousse par le cul, parce qu'il dit que les estatuts de sa profession lui défendent de parler jamais en face à un visage.*

CASSANDRE.

Me vla donc aussi malheureux que je pou-

* allez, monsieur Flairant, on voit bien que vous n'avez pas accoutumé de parler à des visages... Molière, malade imaginaire.

vais m'en flatter. Je vois, mon cher Gilles, ce qu'il faut faire. Je m'en vais d'abord commencer par me trouver mal, c'eſt le devoir d'un bon père. Et puis quand je ſerai bien revenu, je courrai après Iſabelle, j'étranglerai ma fille d'un regard, je poignarderai d'un coup de piſtolet ſon raviſſeur. je t'aſſommerai avec mon Jéroſme, je me précipiterai dans la riviere de Seine, & demain dès le grand matin quand il fr'a jour j'irai porter plainte chez le Commiſſaire.

GILLES.

Faut convenir que vous arrangez ça proprement comme des cheveux ſur de la ſoupe. Mais queux tapage!

+ dès

SCENE XIV. & dernière.

LEANDRE, ISABELLE, GILLES, CASSANDRE. VISAUTROU.

LEANDRE.

Vous voyez t'en moi, M. Caſſandre, un Gentizhomme inconnu qui vous a déja parlé pluſieurs fois. Vla votre chère Zizabelle que je vous ramène toute entière, &ſans que rien zy manque.

CASSANDRE.

Ah ! Monſieur , vous me remettez l'âme dans la vie.

ISABELLE.

Mon cher Papa!

CASSANDRE.

Ma chère zenfant.

GILLES.

Mon petit trou.

LEANDRE.

Je me ſuis apperçu ſans faire ſix blancs de rien de l'action indigne de cet ambitieux ſuborneur. J'ai zacouru aux douloureux cris de votre fille, d'un coup du plat du fourreau de mon épée j'ai aſſommé le Brouéteur, j'ai mis ſur le cul Iſabelle & la brouette, je l'ai tirée tout de ſuite, & vous voyez que la vla avec ce zinfâme que je n'ai pas encore eu le loiſir de tuer à ma fantaiſie.

CASSANDRE.

Une auſſi belle action zeſt une preuve de la prudence de votre valeur. Mais vous qui zeſtes un garçon ſage, zun honnête homme, comment avez-vous fait cette petite vilainie-là ?

VISAUTROU.

Eh Dame, c'eſt elle qui m'a dit que ſon Mahomet. . . .

ISABELLE.

Zah Ciel, mon cher Papa, pouvez-vous croire? . . .

LEANDRE.

Taiſez-vous, menteur impudique.

VISAUTROU.

Mais quand je vous dis. Je crois bien qu'on croira que je mérite qu'on me croye.

LEANDRE.

Taiſez-vous, te dis-je. Il convient ben à une eſpéce de votre façon d'outrager l'honneur d'une fille qui l'a auſſi propre que Mamſelle Iſabelle.

VISAUTROU.

Quoi, zelle oſera me ſoutenir.

ISABELLE.

Vous en avez menti, renégat de Juif. Si ce n'était le reſpect que je dois à mon père & à mon état, je vous aurais déja donné plus de dix mille ſoufflets.

LEANDRE,

Faut lui pardonner, il croit parler zencore à des culs.

VISAUTROU.

Ne faites pas tant le fier, je connais des culs qui zont meilleure mine que votre visage.

CASSANDRE.

Monsieur, vous êtes un insolent, & je vous promets que vous ne verrez ma fille ni pardevant ni par derrière.

VISAUTROU.

Pardine, est-ce qu'on s'en soucie, une pucelle qui a déja fait quatre enfans, sans les fausses couches...

LEANDRE.

Monsieur Cassandre, écoutez. J'ai deux petites graces à vous demander, la première, c'est de me permettre d'écarteler Monsieur en votre présence, & la seconde de me faire épouser votre fille tout-à-l'heure.

CASSANDRE.

Ce que vous dites là est tout naturel & tout simple ; mais en second lieu pour vous donner ma fille, je voudrais sçavoir à qui.

LEANDRE.

Je m'appelle, Monsieur, le beau Léandre. Gilles ici absent connaît ma z'extraction, ayant zété mon valet-de-chambre-laquais pendant trois années. Mon père qui zest encore aujourd'hui d'hui Carillonneur à S. Jacques du Haut-pas, eſt né natif de Brive-la-Gaillarde , & ma mère de Guignes-la-Putain, M. Niquedouille mon oncle était zami de votre père.

CASSANDRE.

Vla qui zeſt ſuffiſant.

LEANDRE.

Pour mon bien, s'il faut un douaire & un prépuce à votre fille, je le lui aſſigne ſur un moulin que j'ai dans le Pays de Javelle, qui zeſt d'un rapport de trente-deux livres cinquante-trois ſols ſept deniers.

GILLES.

Queux richeſſes !

CASSANDRE.

C'eſt à vous, ma fille, à conſentir.

ISABELLE.

Vous ſçavez ben que de votre main je ſuis fille à tout prendre*; mais j'ai un chagrin de voir que M. Léandre s'entête à reſter dans le ſervice du Militaire ; il eſt bien douloureux pour une femme d'avoir un mari qui z'eſt toujours à la veille d'être coupé dans une bataille par morceaux.

LEANDRE.

Ça ſuffit, ma Ziſabelle, je ferai comme

Hercule auprès de Cléopatre ; je préférerai l'amour à la gloire. Je prendrai votre fonds & celui de M. votre père, & dès aujourd'hui je me fais Aubergiste en survivance.

ISABELLE.

Me vla contente.

CASSANDRE.

Tout z'est dit.

GILLES.

Et demain tout sera fait.

CASSANDRE.

Allons signer nos signatures. Mais j'ai t'. mon tour une grace à vous demander, c'est de ne pas troubler la gaîté de ce joyeux jour, & de n'assommer M. Visautrou que le lendemain de la nôce.

LEANDRE.

Monsieur, je n'ai rien à vous refuser.

ISABELLE.

Et moi je vous supplie qu'on lui pardonne.

LEANDRE.

Ça fait bien voir la générosité de votre pudeur.

GILLES.

Par la vertu de mes fesses vous ne voyez

pas que vla que zon bâille. Tirons d'ici nos chausses. Allons nous mettre le ventre à table & le cul à l'air, ce qui zest une chose très-gracieuse dans les chaleurs de la Canicule.

FIN.

[illegible]

VAUDEVILLE

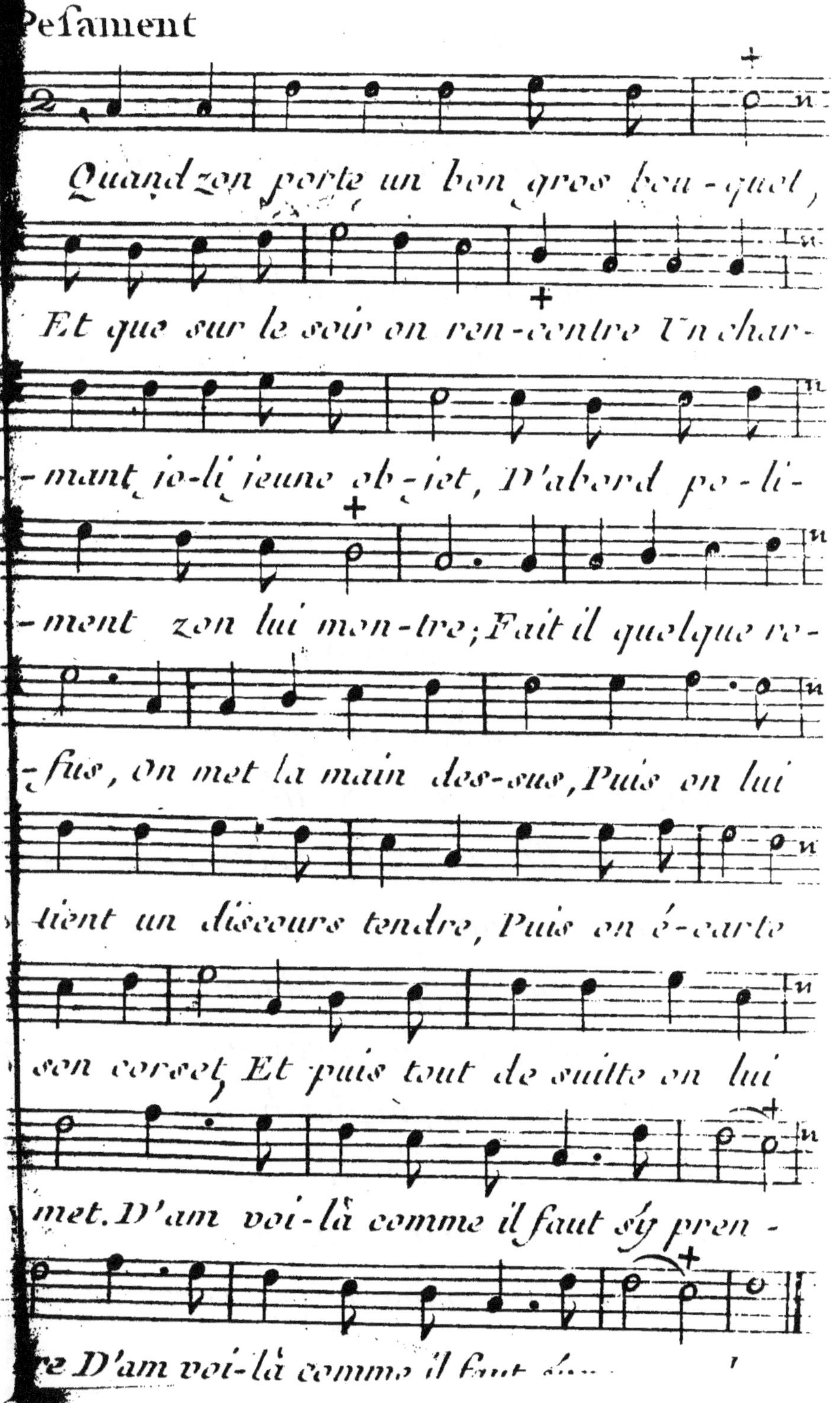
Pesament
Quand zon porte un bon gros bou-quet,
Et que sur le soir on ren-contre Un char-
-mant jo-li jeune ob-jet, D'abord po-li-
-ment zon lui mon-tre; Fait il quelque re-
-fus, on met la main des-sus, Puis on lui
tient un discours tendre, Puis on é-carte
son corset, Et puis tout de suitte on lui
met. D'am voi-là comme il faut s'y pren-
re D'am voi-là comme il faut

Isabelle :

Quand zun doux suborneur d'amant
Se sent vers nous son cœur qui roule,
Il nous trousse un petit compliment,
Puis dans l'oreille il nous le coule ;
Dès que le jeu nous plaît
Il nous mande un billet,
Avec douceur il le fait prendre,
Ou dans la main il nous le met :
Quand il est dedans tout est fait.
Dam' voilà comme on devient tendre.

Caſsandre.

Quand un barbon aduquibus
Autour de lui fille sautille,
Zon lui dit cent jolis rebus,
On le tire par sa bequille.
Il donne enfin dedans,
Il lui fait des présens,
Il ne sçait pas, vieille bicoque,
Que l'on nourit de son écu
Celui là qui le fait cocu :
Dam' voilà comme on les escroque.

Vilfautrou.

Quand un tendron de mon talent
Se sent besoin pour quelque chose,
Je dresse mon p'tit lavement
Et puis joliment je lui pose.
D'abord ça fait douleur,
Mais j'ai tant de douceur
En insinuant mon Clistere,
Que dès qu'il le faut retirer,
On voudrait le sentir rentrer:
Dam' voilà comme il faut le faire.

Gilles. aux Dames.

Quand un Poëme est d'un'bonne odeur
Mes dam's avant qu'on vous l'presente,
On le fait couper à l'auteur
Afin de mieux remplir votre attente:
On scait ben que dans l'fond
Ça n'est jamais trop long:
Mais le court fait mieux votre affaire,
Et quand chacun de nous se sent prêt,
Sur le theatre on vous le met:
Dam'voilà comme on veut vous plaire.

www.ingramcontent.com/pod-product-compliance
Lightning Source LLC
LaVergne TN
LVHW010003230826
846092LV00002B/628